PALLADIUM

DES

ÉLECTEURS,

ou

MOYENS D'OBTENIR UNE REPRÉSENTATION DÉVOUÉE
AUX INTÉRÊTS GÉNÉRAUX,

PRÉCÉDÉS

D'un Précis sur la Révolution de juillet, sur les droits de la
nouvelle dynastie au trône, sur la nécessité de quatre améliorations capitales à la loi électorale.

PAR UN PATRIOTE.

PRIX : 1 FR.

A PARIS,

CHEZ LES LIBRAIRES DU PALAIS-ROYAL, ET AUTRES.

5 Mai 1831.

IMPRIMERIE D'ABEL GOUJON,

A SAINT-GERMAIN-EN-LAYE.

PALLADIUM

DES

ÉLECTEURS.

La révolution de juillet, étonnante, incomparable pour son héroïsme, sa modération, sa générosité magnanime, a ébranlé momentanément les bases de l'édifice social. Un éveil, aussi prompt qu'inattendu, donné aux passions, a jeté le pays dans la stupeur, la méfiance, l'agitation, le trouble, qui ont rendu très difficile l'action gouvernementale.

Esquisser quelques causes de cet événement immense, de cet état de malaise, de souffrance, trop prolongé; exposer quelques vérités frappantes, pour affermir la confiance dans les droits de notre jeune dynastie au trône; dévoiler par ses actes l'esprit, les vues de la Chambre prorogée; démontrer la nécessité d'améliorations capitales dans la loi électorale; indiquer ce qu'il y a de mieux à faire, ce qu'on doit éviter pour faire sortir de l'urne électorale une Chambre indépendante, digne de sa haute mission, pleine de sympathie avec le nouvel ordre de choses, en harmonie avec les vrais intérêts du pays; telle est la tâche que je vais m'efforcer de remplir.

Soutenu par la conscience de l'intérêt public, je rappellerai des vérités fortes, dans la persuasion qu'il n'en peut résulter que profit et avantage pour la nation.

Mon but est d'être utile à toutes les classes d'électeurs. Ce motif m'a fait adopter un style clair et simple, qui donne plus de relief au système de conviction développé

1.

dans cet écrit. J'invoque l'indulgence du lecteur ; il ne la refusera pas à un véritable patriote.

Après la chute du héros victorieux entraîné par son ambition despotique, la Charte de 1814 fut imposée à la France par un million de baïonnettes ennemies. Dictées par les vainqueurs, ses dispositions ne pouvaient être en harmonie avec les besoins de la nation. Il y avait évidemment incompatibilité physique et morale entre elle et la branche aînée des Bourbons ramenée sur le trône. Pouvait-elle sympathiser avec la nation, cette nouvelle royauté escortée de traîtres, d'émigrés ivres de vengeance, prédominés par l'insatiable avidité de reprendre leurs biens vendus, leur prépondérance administrative et sociale, de rétablir les dîmes, les droits féodaux, enfin tout l'ancien régime ? On se rappelle que tout fut bientôt mis en œuvre pour y parvenir. De là, l'établissement du double vote pour dominer la Chambre élective, l'alliance avec le haut clergé, le rappel des Jésuites, la démoralisation des fonctionnaires publics, l'enchaînement de la liberté de la presse par des lois préventives, la censure, les infractions à la Charte, le vote du milliard pour les émigrés, le refus de le partager avec les familles dépouillées des plébéiens tombés sous la hache révolutionnaire, les souscriptions provoquées par des moyens irrésistibles, pour l'acquisition de Chambord, le gaspillage du trésor public, des propriétés nationales, jusqu'aux arbres des routes.

Tant de calamités imposées à la France ne peuvent satisfaire leur rage vindicative, leurs criminels desseins ; pour eux, elle est trop florissante, elle produit trop : M. Sirieys de Marynhac l'a proclamé à la tribune. Dès lors, le commerce, l'industrie sont entravés de toutes manières, privés successivement de leurs débouchés extérieurs. Ainsi se réalise le déplorable système de l'anti-social M. Sirieys de Marynhac.

Cependant, dans la Chambre élective, une minorité

bien faible, réduite à la fin à dix-sept membres, profondément indignée de ce déplorable système de subversion, animée du dévouement, du courage le plus héroïque, dévoile et combat avec un succès moral les menées, les machinations de ces vampires contre le pays.

Objets de l'exécration générale, déconcertés à la tribune, où la foudroyante éloquence des *dix-sept* a de l'écho partout, ils ne s'arrêtent pas : leur fureur tyrannique s'accroît en proportion des résistances; elle va les pousser aux moyens extrêmes. On sait à quoi s'en tenir à l'égard des criminels incendies multipliés dans les départements : les révélations obtenues à la cour d'Assises de Maine-et-Loir, mettent sur les traces de leur source; la justice déchirera un jour le dernier voile qui la couvre.

Enfin le soleil de juillet a lui : les coupables Ordonnances se préparent; le sang Français va ruisseler dans Paris, dans toute la France; qu'importe? Elles sont signées le 25; et dans quatre jours le peuple, levé d'abord comme un seul homme, vainc les sbires du despotisme, chassé le tyran parjure, revendique et proclame sa souveraineté. Rentré dans le calme, dans la réflexion, il la confie à la Chambre des Députés, réunie spontanément par la gravité des circonstances. Elle comprend, elle accepte ce nouveau mandat imposé par la nécessité; elle s'empresse d'établir les bases du dépôt sacré reçu du peuple, dans la nouvelle Charte, fondée sur les principes de l'ordre et de la liberté. Catastrophe effroyable pour tous les tyrans, méritée par cette famille incapable, parjure, sanguinaire! Puisse-t-elle être pour eux le dernier exemple, et les déterminer à rendre à leurs populations leurs droits imprescriptibles!

Pour calmer l'agitation générale et prévenir les désordres de l'anarchie, il est urgent d'établir une forme de gouvernement : l'embarras du choix n'est pas long. Quelques journalistes invoquent l'établissement d'un gouvernement républicain, la presque totalité se prononce pour une monarchie représentative. Toute la France a subi la fatale épreuve du premier en 1793 ; elle l'a en horreur, elle le repousse. Il ne peut convenir qu'à un petit état de quelques cent mille âmes de population ; encore faudrait-il que les mœurs y fussent simples et pures. Permis aux seuls partisans du pouvoir déchu de l'invoquer pour la France : ils seraient certains de la voir bientôt en proie à tous les bouleversements, à toutes les agitations, d'où surgirait nécessairement la restauration de leur idole. Méfions-nous donc de ces êtres pervers qui, abusant de l'inexpérience du jeune âge, de la crédulité de quelques têtes faibles ou exaltées, prônent ce mode de gouvernement, pour parvenir à l'exécution de leurs coupables desseins : ce ne sont, dans le fait, que des agens provocateurs.

Sur ce point, la Chambre n'a pas balancé ; elle a consacré dans la nouvelle Charte le principe que le gouvernement de la France serait une monarchie représentative, héréditaire de mâle en mâle, par ordre de primogéniture ; et le 7 août, au nom et aux acclamations de toute la France, Louis-Philippe, duc d'Orléans, après avoir accepté la Charte, juré de l'observer et de la faire exécuter, a été proclamé Roi des Français, sous les noms de Louis-Philippe premier.

Dès le 29 juillet, ce choix était dans tous les esprits. Ce fut sans doute un grand bonheur d'avoir eu alors parmi nous un homme si digne d'occuper le premier trône du monde. Louis-Philippe a fait ses premières armes dans nos rangs, sous l'étendard de la liberté ; mûri à l'école du malheur pendant les temps désastreux qui ont affligé la patrie, honnête homme, bon époux, bon père, élevant ses enfants comme les nôtres, administrateur éclairé, ennemi des courtisans et des flatteurs, un homme si précieux vivait et vivra dans tous les cœurs. En jurant la

Charte nouvelle, il a promis que désormais elle serait *une vérité*. Ce serment est l'expression de la profonde conviction d'un honnête homme ; il sera maintenu ; on peut y compter.

Nous ne devons pas méconnaître un fait ; c'est qu'en déférant le trône à Louis-Philippe, nous avons l'avantage de posséder le roi le plus digne ; tandis qu'en l'acceptant, ce prince échange le sort délicieux de sa vie privée contre les embarras, les tracasseries, les soins innombrables qui l'assiégent sans cesse sur la pourpre. L'affection générale du peuple français peut seule le dédommager d'un tel sacrifice.

Malheureusement la malveillance la plus coupable agite encore ses brandons de discorde. Que prétendent donc ces êtres éhontés, incorrigibles, en protestant des droits du duc de Bordeaux à la royauté, en sa qualité de cessionnaire de l'ex-roi Charles? Serait-ce en vertu de son droit d'héritage de Hugues-Capet, premier roi de cette race? Mais Hugues-Capet monta sur le trône par l'assentiment du peuple, en 987, et non comme descendant de Charlemagne, dont le plus proche parent fut exclus. Serait-ce parce qu'il s'appuyait sur le droit divin, en s'intitulant roi par la grâce de Dieu? Qu'ils lisent l'évangile, ils y verront que Jésus-Christ y dit que son royaume n'est pas de ce monde. Serait-ce en vertu des droits personnels de l'ex-roi Charles? Il avait reçu le trône de Louis XVIII; et ce dernier avait été imposé à la France par un million de baïonnettes étrangères. Et encore l'ex-roi Charles avait juré la Charte, condition qui le faisait tolérer des Français ; en la violant par ses criminelles Ordonnances de juillet, il a déchiré ce pacte. On objectera que sa personne était sacrée et inviolable ; mais cette inviolabilité établie pour s'en prévaloir, s'il arrivait qu'il fût induit en erreur, ne peut être invoquée dans l'espèce, puisqu'il est constant, dans les procédures de ses ministres, qu'il agissait *proprio*

motu, avec connaissance de cause, et même avec opiniâ-
treté et obstination , en ordonnant personnellement de
concentrer ses troupes et d'agir avec des masses, le 28
juillet. En 1793, le peuple est rentré dans ses droits imprescriptibles ; il a toléré le despotisme militaire de Bo-
naparte jusqu'en 1814 et 1815, que la violence étrangère
est venue imposer de nouveau au pays la branche aînée
des Bourbons. Mais la force fait-elle le droit ? Non, certes.

Il devient inutile de parler des circonstances de la nais-
sance du duc de Bordeaux; les citoyens sensés, impartiaux,
sont fixés sur ce point.

Je crois à propos de prouver par des moyens puisés dans
l'antiquité, ce droit exclusif des citoyens au choix de leur
roi. Il est important que les êtres indignement trompés et
agités par la malveillance, qui leur prône la légitimité de
la branche expulsée, soient entièrement désabusés. Ce qui
va suivre pourra concourir à ce bon résultat.

Sans remonter jusqu'aux premiers temps de la monarchie
française, où les rois, le plus souvent, n'étaient que les
chefs choisis par l'armée, qu'ils ouvrent l'histoire de France,
qu'ils lisent le règne glorieux de Charlemagne, au neuvième
siècle ; ils y verront qu'en 806, dans une assemblée solen-
nelle à Aix-la-Chapelle, ce monarque, dans son testament
confirmé par les seigneurs français et le pape Léon, par
lequel il fait le partage de ses états entre ses trois fils,
reconnaît dans une clause spéciale, *que ses peuples ont la
liberté de choisir un maître, après la mort des princes,
pourvu qu'il soit du sang royal.* Certainement cette dernière
condition *d'être du sang royal* pour arriver au trône, n'a
été dictée que par l'égoïsme orgueilleux. L'histoire atteste
cet acte. Que les incrédules, que les fauteurs de l'ex-roi
Charles, que les hommes égarés par eux, en prennent
lecture ; alors, ils pourront avec connaissance de cause ,
repousser victorieusement ces insinuations malveillantes.

La clause de ce testament a eu plus tard son exécution.

En 987, époque de la mort de Louis V, dit le fainéant, sans postérité, la couronne devait passer, d'après le système de la légitimité, sur la tête de Charles, duc de Lorraine, oncle du roi défunt, son plus proche parent de la ligne de Charlemagne. Mais le peuple, usant de ses droits, comme nous l'avons fait en 1830, a repoussé cette race abâtardie dans la fainéantise, et a élevé sur le trône Hugues-Capet, duc de France, premier de la troisième race de nos rois. Les trois journées de juillet ont fait justice de l'incapacité, de l'indignité brutale de la branche aînée de cette race : elles l'ont précipitée du trône, et expulsée du sol français.

Voilà les traits et preuves historiques des droits du peuple français, et de ceux de la branche déchue : ils sont authentiques. Que ceux qui sont encore dans le doute, dans l'hésitation, lisent notre histoire ; ils y trouveront leur conviction ; ils y verront que les rois sont institués par et pour les peuples, et non les peuples pour eux.

Sous la deuxième race, ils s'intitulaient rois par la clémence de Dieu ; ce n'est que sous la troisième qu'ils se dirent *rois par la grâce de Dieu*.

Chaque siècle a vu se dissiper insensiblement les ténèbres de l'ignorance barbare dont ils prenaient soin d'envelopper les peuples, pour les torturer et leur arracher les plus précieux droits. La branche aînée des Bourbons, ramenée violemment sur le trône, depuis quinze ans, marchait visiblement dans ce fatal système ; tombée à la fin dans la plus complète incapacité, elle ne faisait plus consister son droit que dans la force et l'absolutisme ; elle ne pouvait se persuader que la vraie puissance, la stabilité du trône sont toutes dans l'amour, dans l'affection des peuples. Telles sont les causes de sa catastrophe.

Il en est, il en sera toujours autrement de notre roi élu. Il est profondément convaincu que le bonheur du trône dépend de celui de la nation ; sa bienveillance naturelle, sa dure et longue expérience ont gravé ces principes dans son cœur : ils vivront dans sa postérité. Mais ne soyons pas impatients ; la tâche est bien pénible, bien difficile, après une révolution dont la secousse a ébranlé toute l'Europe, même les deux mondes. Il déplore, il ressent plus vivement que nous les effets funestes des agitations tumultueuses dans la capitale, des calamités publiques qui affligent le pays. Il avait compté sur le concours de la Chambre élective pour y remédier efficacement : cette fatale Chambre, née du double vote sous l'ex-roi Charles, que le pouvoir n'a pu ajourner avant l'amélioration d'une loi électorale qui en garantît une plus dévouée aux vrais intérêts publics ; cette Chambre, qui a l'initiative des lois, n'a consenti qu'après sept mois d'une existence due à la nécessité, à faire cette loi électorale, telle quelle, qui a mis enfin le pouvoir en position de la renvoyer. Tout le mal est venu de cette Chambre qui a paralysé les meilleures intentions du gouvernement, et a laissé un ministère qui paraît désavoué par les intérêts généraux.

Il est un grand obstacle à la renaissance de l'ordre, de la tranquillité, de la confiance publique, qu'il est important de combattre par tous les moyens légaux : c'est cette poignée de malveillants, disséminés sur tous les points, principalement dans l'ouest et le midi, qui fomentent partout la discorde, prêchent le retour de la famille chassée, en protestant de ses droits au trône. Le peuple doit savoir que c'est moins dans l'intérêt de cette famille que pour eux-mêmes qu'ils troublent, qu'ils agitent ainsi le pays : ils ne peuvent digérer la privation de leurs sinécures, de leurs prérogatives, de leurs biens vendus, de leurs dîmes, de leurs droits féodaux, etc.; le retour de cette famille leur rendrait toutes ces jouissances. Voilà ce que désirent ces ennemis implacables du nouvel ordre de choses, de la tranquillité publique, de la paix extérieure, de notre industrie, de tout ce qui peut contribuer à la prospérité, au bonheur du pays.

Ce sont ces mêmes hommes qui, pendant vingt-quatre ans, jusqu'en 1814, ont fomenté tous les germes de nos guerres civiles et extérieures, soulevé tous les peuples contre nous, et livré la France aux étrangers. Ces suppôts de l'absolutisme sont incorrigibles; poussés par l'égoïsme et la vengeance, ils ourdissent les mêmes trames perturbatrices; ils ont des partisans parmi les magistrats, dans les autres fonctionnaires publics : ils les doivent à la Chambre prorogée. Ils sont connus : leurs machinations seront sans effet. Une bonne loi, et le gouvernement débarrassé de la Chambre nécessaire en feront justice. En attendant, le peuple a trop de bon sens, trop de conscience de ses vrais intérêts pour s'y laisser prendre. Il s'en méfie et il doit s'en méfier comme de ses plus cruels ennemis.

La Chambre avait trop à faire pour s'occuper de cette loi spéciale contre les agitateurs, contre les partisans de l'ex-roi. D'ailleurs, elle en comptait un certain nombre dans ses rangs; et son origine impure, sous l'influence du double vote et du roi déchu, ne pouvait donner lieu d'en espérer cette loi. Son urgence, d'où dépendent la tranquillité, la cessation du malaise général, fixera l'attention de la prochaine législature.

Électeurs, songez-y bien; la répression des intrigues, le retour à la confiance, la reprise du commerce, la tranquillité intérieure, l'économie dans l'administration, la dignité, l'indépendance au dehors, l'ordre, la liberté légale sagement définie, la prospérité publique, l'amélioration des lois municipale, départementale et électorale, fondées sur des bases moins rétrécies, la régénération de la pairie, tout, enfin, dépend des choix que vous allez faire. Jamais circonstances n'ont rendu vos devoirs si importants. Sondez-en toutes les conséquences; vous conviendrez qu'elles sont immenses.

Mais, direz-vous, quelles qualités, quelles conditions doit réunir un candidat pour mériter nos suffrages ? Je vais en exposer les principales. Il doit être honnête homme, d'un caractère ferme ; en général pas trop âgé, pour supporter les fatigues d'une séance de cinq à sept heures ; sans intérêts matériels dans la capitale, pour être à même de consacrer tout son temps à l'objet de son mandat ; versé dans la législation ou dans quelque branche de l'administration publique ; indépendant par son caractère, sa profession, son industrie ; d'une opinion bien connue en faveur du nouvel ordre de choses ; libre de fonctions publiques, car on ne peut bien remplir deux devoirs à-la-fois ; et encore, la plupart des hommes en place ont la conscience tarée de jésuitisme, de la doctrine du droit divin, du pouvoir absolu, auxquels ils ont dû se vouer pour obtenir ou conserver leurs emplois. N'avons-nous pas acquis la conviction que beaucoup d'entr'eux ne briguent l'entrée à la Chambre que pour être en meilleure position de solliciter de l'avancement au prix de leur impartialité. Évitez les hautains, les ambitieux, les intrigants : ils passeraient tout leur temps à solliciter. Ne dédaignez pas la jeunesse : elle compte des sujets distingués, instruits, énergiques, qui ont déjà fait preuve de grands talents. Le concours de cette classe nombreuse est nécessaire dans la Chambre; ses intérêts spéciaux doivent y être représentés, défendus et coordonnés avec ceux des autres classes. L'éloquent, le fameux Barnave, de l'Assemblée Constituante, n'avait pas trente ans ; n'a-t-il pas emporté les regrets de tous les bons citoyens?

Surtout ne perdez jamais de vue que les ministres, les hauts fonctionnaires publics sont les hommes du roi, nommés par lui ; que le pouvoir tend naturellement et toujours à agrandir la sphère de ses limites légales, de ses prérogatives, des dépenses publiques, etc. ; que cette tendance continue lui est irrésistible ; qu'au contraire l'essence du mandat du député consiste principalement à tracer ces mêmes limites, à veiller scrupuleusement à ce qu'elles ne soient jamais dépassées sans motifs graves, à rétrécir même autant que possible celles des dépenses publiques, pour amener la diminution des impôts.

En fait d'administration d'un état, quelques droits qu'ait le gouvernement à l'approbation, à l'estime, à l'amour des administrés, ces derniers doivent toujours être en mesure de contrôler ses actes. Cette condition ne peut que contribuer à sa circonspection, à son maintien dans les bornes légales. Ainsi, vous voyez que la session des Chambres est une vraie lutte annuelle du pouvoir gouvernemental contre le pays, dans laquelle le ministère rend compte de son administration, expose ses besoins souvent peu modérés, et où les Chambres déterminent, retranchent et allouent ce qu'elles jugent à propos dans l'intérêt public. C'est dans ces devoirs que consiste essentiellement le gouvernement représentatif.

Electeurs, vous devez convenir à présent qu'il serait contraire au bien-être général, qui renferme le vôtre, au bon sens, qu'il serait même absurde, pour ne pas dire plus, d'élire à la députation des ministres qui se trouveraient juges et parties dans leur propre cause; de hauts fonctionnaires nommés par eux, qui ne peuvent voter contre leurs patrons sans s'exposer à la destitution, ou renoncer à tout espoir d'avancement. Témoin l'honorable M. Dequeux Saint-Hilaire, sous-préfet d'Hazebrouck, et député sous Louis XVIII, qui fut brutalement destitué pour avoir proposé à la tribune des économies sur les traitements des hauts fonctionnaires. Récemment encore, MM. Pons de l'Hérault, Melleville et autres, n'ont-ils pas été brusquement dépouillés de leur préfecture, où leur zèle patriotique, leurs talents, leur activité leur avaient concilié les cœurs de tous les bons citoyens? Et pourquoi? Parce qu'ils avaient joint l'expression de leurs vœux constitutionnels, patriotiques, à ceux de leurs subordonnés, dans la demande d'améliorations promises par la Charte, et si vivement réclamées par toute la France. Vous voyez combien le ministère est susceptible, ombrageux, quand ses subalternes se prononcent spontanément en faveur du bien public. Tout récemment, vers la fin de mars, n'a-t-il pas menacé de son animadversion tout homme en place qui aurait donné ou donnerait sa signature à l'un des actes d'associations patriotiques formées dans presque tous les départements contre le retour de la branche aînée des Bourbons sur le sol français, et contre toute invasion étrangère? Passant des menaces aux faits, n'a-t-il pas été jusqu'à destituer les meilleurs patriotes, l'élite des citoyens? Jugez ce qu'il fera à la Chambre si vous choisissez vos représentants parmi les siens. Ce serait renoncer au droit de défense de vos intérêts; bien plus, ce serait fournir des armes contre vous. Non, électeurs, vous ne choisirez ni ministres, ni fonctionnaires publics, leurs créatures obséquieuses. Vous n'élirez que des citoyens vraiment dévoués, indépendants.

Sans doute, vous êtes bien éloignés de croire à présent qu'il suffise d'avoir été compté parmi les 221, pour mériter vos suffrages. Alors, il y avait lutte ouverte entre le pouvoir et le peuple. Beaucoup de leur nombre, sincèrement dévoués à l'ex-roi Charles X, mais se défiant du système fourvoyé du ministère du 8 août, se sont ralliés à leurs collègues de la gauche, dans la vue de supplanter ce ministère exécré. Voilà le secret de la tactique de partie des 221. Depuis les trois journées de juillet, ils se sont dessinés dans les hauts emplois, à la tribune, dans les coteries; ils ont rallié les votes de divers partisans du ministère Polignac; ils ont fini par composer cette majorité fatale, dont l'influence a rendu le pouvoir gouvernemental impossible pour le bien public, a contraint le pays de subir l'existence d'une Chambre née de la nécessité, six mois plus long-temps qu'il ne l'eût dû, par l'ajournement indéfini de la loi électorale. Cette persistance à se maintenir n'a pas peu contribué à soulever l'indignation des masses populaires dans les troubles d'octobre, de décembre, de février. Qu'ont-ils répondu au ministère qui s'est enfin décidé à leur faire cet aveu aux séances des 18 et 19 février? Qu'ils consentaient à faire une loi électorale transitoire en peu de jours, et qu'alors le gouvernement pourrait user de son droit de dissoudre la Chambre. Pourquoi ne se sont-ils pas occupés à faire cette loi électorale immédiatement après les troubles d'octobre ou de décembre? Ils auraient épargné beaucoup de malheurs à la nation, au commerce, à l'industrie.

Electeurs, vous connaissez à présent les vrais amis, les vrais défenseurs de vos droits, des intérêts publics. Vous les distinguerez de ces hommes dont la malheureuse influence dans la Chambre imposée a produit tant de maux. Cette Chambre du double vote s'était dépouillée de toute pudeur, de toute dignité, même pendant ses séances. Vous l'avez vue dans celle du 11 février : il y avait un peu d'agitation ; divers membres entouraient les ministres ; la sonnette et diverses voix les rappellent à leurs places, mais inutilement ; ils ne se rendent qu'à ces paroles remarquables de leur président : « *A vos places, messieurs les solliciteurs!* » Ce trait seul la peint sous sa véritable couleur.

A Dieu ne plaise que je prétende que tous les membres de cette Chambre méritent la même déconsidération! Il en est une partie dont le zèle, le dévouement au nouvel ordre de choses, à notre jeune dynastie, ont été appréciés. Toute la France les connaît ; elle applaudira à leur réélection. Electeurs, vos suffrages leur rendront justice.

La loi électorale a été faite sous l'ex-roi Charles X ; la dernière Chambre du double vote l'a amendée de quelques articles essentiels. Il en est encore quatre non moins nécessaires, que la Chambre future doit indispensablement admettre, pour compléter son indépendance. Ces quatre améliorations consistent : 1° dans la limitation du mandat du député à trois ans au lieu de cinq ; 2° dans l'abaisse-

ment du cens d'éligibilité ; 3° dans l'allocation d'une indemnité ; 4° dans l'interdiction au député de n'accepter
aucune place, fonction, grade, avancement, récompense,
décoration, qu'un an après la cessation de ses fonctions.
Je vais donner à chacune de ces propositions quelques dé-
veloppements qui démontreront la nécessité de les adopter.

Je dis qu'on doit tenir à ce que le mandat du député
soit borné à trois ans au lieu de cinq, parce que, plus le
terme de sa réélection est éloigné, moins il lui reste de
motifs d'encouragement à bien remplir ses devoirs. Avec
la loi actuelle, qu'il s'en acquitte bien ou mal, qu'il trahisse
les intentions de ses commettants, qu'il s'allie à une majorité hostile aux intérêts publics, comme on en a subi les
fatales épreuves depuis 1815, il fera toujours pendant cinq
ans le malheur du pays. Cette période de cinq années est
capable d'entraîner dans cette dangereuse majorité, celui
qui se serait décidé à la combattre, s'il n'eût eu qu'un
mandat de trois ans. La conscience de devoir subir sa
réélection après ce terme, ne peut que contribuer pour
beaucoup à le maintenir dans la sphère des intérêts généraux. Et encore, s'il trompait, dans cette dernière hypothèse, les intentions des électeurs, les suites en seront
moins funestes que s'il restait cinq ans dans la Chambre.
Ce rapprochement du terme de ses fonctions le maintiendra
dans l'exactitude aux séances, soutiendra son zèle patriotique, son dévouement à la chose publique, persuadé qu'il
sera d'en recevoir la récompense dans sa réélection. D'ailleurs, il aura l'avantage d'attendre deux années de moins
pour être admissible à un emploi.

La tâche des électeurs n'en sera pas beaucoup plus
difficile, puisqu'ils la rempliront dans leur arrondissement
rétréci. Le rapprochement du terme de ces réunions électorales ne peut qu'être favorable au développement des
affections, des sympathies patriotiques parmi les citoyens.
Ces motifs intéressent trop l'encouragement, l'indépen-

dance, la dignité, le zèle d'une Chambre vraiment dévouée au pays pour être méconnus.

Les débats de la loi électorale ont prouvé à toute la France jusqu'à quel point la majorité des Chambres, et le gouvernement lui-même, tenaient à maintenir les cens de l'électorat et de l'éligibilité à des chiffres trop élevés. Il fut proposé d'abord 240 francs pour le premier, et 750 francs pour l'autre; cette fixation équivalait aux anciens taux de 300 francs et de 1000 francs, par suite des dégrèvements partiels et successifs de la contribution foncière. Preuve incontestable qu'on tenait à voir réélire la même majorité. Avec elle, on aurait pu marcher sans tenir compte de la révolution de juillet.

Le pays aurait gémi sous la même influence des hommes du règne déchu. Mais, l'agitation des esprits, les rumeurs populaires, les réclamations de la presse, ont déterminé d'abord la réduction des cens à 200 francs et à 500 francs. Alors, survint une nouvelle contrariété au système restrictif des droits électoraux. Elle fut dans la proposition d'augmenter l'impôt foncier, au moyen de centimes additionnels, pour mettre le trésor à même de faire face aux dépenses. Cette proposition allait déranger les vues et les combinaisons du projet déjà adopté par la Chambre des Députés, par suite de l'augmentation du nombre des électeurs et éligibles, résultant de celle l'impôt. Le projet voté à la première Chambre était alors soumis à la Chambre des Pairs. Celle-ci n'ignore pas que la Chambre future doit opérer sa réorganisation d'après les dispositions de la Charte nouvelle. Jalouse, peut-être, de contribuer au retour de la même majorité dans l'autre Chambre, dont elle ne doit espérer qu'une réorganisation tout à son avantage, elle n'a pas craint de renchérir sur la parcimonie des droits électoraux. Elle a cru devoir fixer le cens électoral à 150 francs en principaux des contributions directes, à l'exclusion de tous centimes additionnels. Avec cette combinaison, que serait-il résulté? Que des contribuables payant 250 fr., 270 fr., 300 fr., et même quelque chose en plus, en principaux et accessoires, selon les localités, n'auraient pu jouir des droits électoraux. L'exaspération générale contre une mesure qui aurait privé du droit de voter tant de citoyens qui ne s'attendaient pas à une telle injustice, excita l'attention du gouvernement. Il manifesta de suite l'intention de revenir à la première base de 200 francs, adoptée d'abord par l'autre Chambre; mais il s'opposa par force arguments spécieux, à ce que la masse des centimes additionnels futurs fût comptée dans la formation des cotes électorales, en cas d'élections avant le mois d'octobre. Quel danger y avait-il donc à comprendre dans le cens électoral ces nouveaux centimes additionnels? Dans cette dernière hypothèse, qu'en serait-il résulté? Que quarante mille citoyens environ auraient augmenté le nombre des électeurs; que le nombre des éligibles aurait été renforcé proportionnellement de quelques cents : voilà ce qu'on voulait empêcher. C'est pour arriver à cette restriction, que le ministère et des orateurs des centres ont prodigué dans plusieurs séances force prétextes spécieux, force arguments futiles, que leurs adversaires de gauche, toujours dévoués à la défense des intérêts de tous, ont refutés complétement, malgré les cris réitérés de *la clôture* réclamée par les centres. L'obstination à maintenir ce système, poussée jusqu'à la fin, est une suite de toutes les combinaisons adoptées pour écarter la concurrence dans la candidature, et faire sortir de l'urne électorale la même majorité.

Avec le cens qu'ils ont établi, les auteurs de la loi n'auront que vingt à quarante concurrents dans chaque arrondissement électoral. Il est évident qu'ils s'y sont ménagé autant de chances de succès qu'il leur a été possible. C'était pour la faire meilleure, qu'ils avaient demandé d'abord la fixation du cens d'éligibilité à 750 francs; ils y auraient tenu, sans l'influence de l'exaspération générale et des troubles fâcheux de février. Mais, qu'y avait-il donc à craindre en statuant que tous les électeurs seraient éligibles? Le citoyen qui paie un cens de 200 francs, est-il à redouter pour la société? Une telle position n'est-elle pas le garant de ses intentions bienveillantes, de ses capacités morales, de son influence salutaire? La France est-elle un pays de barbares? Se refuser à ces raisons, c'est insulter aux électeurs, à la nation entière.

Il est vrai que la Chambre a admis à l'électorat quelques talents honorables, qu'elle l'a refusé avec raison à quelques fonctionnnaires publics; mais, pourquoi a-t-elle rejeté les adjonctions de tant d'autres notabilités, si vivement réclamées? Cependant, il est certain que leur admission ne pouvait qu'être tout à l'avantage du pays : elle eût rallié au pouvoir le concours de ces notabilités.

L'élargissement des bases de l'électorat et de l'éligibilité eût influé favorablement sur les classes inférieures; il eût contribué efficacement à modérer l'effervescence de leurs passions tumultueuses. En leur accordant la participation aux affaires, on leur eût ôté tout motif d'agitation pour y arriver. D'ailleurs, qu'avaient de redoutable pour le pays ces adjonctions à l'électorat, avec le chiffre de 200 francs, fixé pour les censitaires? Certes, il ne pouvait qu'en résulter beaucoup d'avantages, avec la certitude de voir enfin briser cette majorité opposée au développement des principes de notre régénération, à la réforme des abus hérités de l'empire et de la restauration. Mais, ces conséquences étaient précisément en opposition avec les vues méticuleuses, égoïstes, qui ont dominé la discussion de cette loi; c'est pour cela que la plupart des notabilités ont été repoussées, et que le chiffre de 200 francs a été adopté pour l'électorat. La Chambre des Pairs, que quelques données inexactes, sans doute, avaient induite en erreur dans ses premiers changements opérés pour l'établissement du cens électoral et d'éligibilité, a fini par adopter le projet amendé par l'autre Chambre, qui fixe à 200 francs le premier, et le deuxième à 500 francs, y compris tous les centimes additionnels, à constater d'après les rôles de 1830, pour les élections qui auraient lieu avant le 21 octobre prochain.

Quelqu'hésitation qu'aient montrée les deux Chambres à réduire si mesquinement le cens de l'électeur et de l'éligible, à n'admettre qu'une parcelle d'adjonctions, nous devons pressentir avec joie les avantages de cette première concession faite aux intérêts généraux. Son influence sera grande, efficace, parce qu'il doit en résulter, sans doute, une modification complète de cette majorité ambitieuse. On a vu qu'elle a épuisé tous ses moyens pour faire cette loi dans l'intérêt de sa cupidité, autant qu'elle l'a pu. Il lui a fallu plus d'un mois pour en finir; et, en août, en deux jours elle a fait la nouvelle Charte. On voit que l'autre lui importait bien autrement que celle-ci.

Elle a fixé le cens minime de l'éligibilité à 500 francs; n'est-ce pas pousser beaucoup trop loin l'esprit de prévoyance, de conservation? n'est-ce pas insulter au bon sens des électeurs? N'est-on pas porté à croire qu'elle a plus cédé à l'égoïsme, à la passion de reparaître à la Chambre, qu'à tout autre sentiment?

Avec le chiffre de 1,000 francs pour l'éligibilité, le pays avait une Chambre aristocratique, et non représentative. Elle ne représentait réellement que la classe riche, la centième partie de la population. Aussi, on n'a pas oublié que presque toutes les lois ont été faites dans l'intérêt principal de cette même classe. On se rappelle les dégrèvements d'un quart sur la contribution foncière, la réduction des deux tiers des droits de circulation sur les vins en cercles, dont cette classe profitait le plus, tandis qu'on augmentait les contributions indirectes, qui pèsent principalement sur la population peu aisée. Le nouvel impôt indirect, proposé en novembre dernier, est la conséquence de ce fatal système. Il continuera d'oppresser la nation, si la même majorité est renvoyée à la Chambre. Que les électeurs en aient la certitude.

Il est bien avéré, à présent, qu'il est impossible d'accorder à tout citoyen porté aux rôles des contributions directes, le droit de voter, sans exposer le pays aux chances les plus désastreuses. En vain on objectera que ce système peut être admis en établissant deux degrés d'élection. L'expérience a prouvé que ce dernier mode ne peut donner qu'une représentation faussée, parce qu'elle ne serait presque partout que le résultat de l'influence d'un ou de quelques électeurs sur les classes inférieures du premier degré d'élection, dont ils ont toujours les moyens d'accaparer ou de diriger les suffrages. Ainsi, c'est avec beaucoup de raison qu'on a préféré l'élection directe.

On ne peut pas en dire autant de la fixation du cens minime à 200 francs. Il est incontestable qu'il est trop élevé, et qu'il peut être abaissé à 150 francs, et même à 125 francs, non-seulement sans danger pour le pays, mais, au contraire, avec de grands avantages sous les rapports de l'union entre les citoyens, de la tranquillité publique et des intérêts de tous. Avec cet abaissement, le nombre des électeurs serait doublé ; l'influence des citoyens qui en profiteraient contribuerait puissamment à maintenir l'ordre et le calme dans les classes inférieures, dont majeure partie est sous leur clientelle. Ils auraient tous intérêt à prêter leur concours, leur appui au pouvoir, en reconnaissance de leur admission à participer aux affaires publiques, qu'ils considéreraient comme leurs affaires personnelles. Dès lors, plus d'agitation, plus d'effervescence, plus d'obstacles de leur part contre l'action gouvernementale, qu'ils seraient au contraire intéressés à protéger. L'influence de leurs représentants dans la Chambre, type véritable de majeure partie des nuances de la société, serait toute à l'avantage des intérêts généraux.

Avec les éléments de cette représentation, on pourrait compter de voir renaître partout l'ordre, le calme, la confiance, et répandre dans toutes les localités les bienfaits de la révolution de juillet.

On ne peut disconvenir que l'électeur qui paie un cens de 150 francs ne soit en position de garantir debons choix. Or, pourquoi serait-il astreint à ne choisir son représentant que dans les citoyens qui paient le minimum de 500 francs? Craint-on qu'il en connaisse, qu'il en choisisse un plus digne au-dessous de ce chiffre? raison de plus pour qu'il ait ce droit. Ainsi, il est nécessaire, pour le mieux des intérêts publics, que la loi statue que tout électeur sera éligible. On a repoussé cette condition si rationnelle, proposée et appuyée par le côté gauche, pour diminuer la concurrence dans la candidature. Mais, dira-t-on, y a-t-il tant d'attraits attachés aux fonctions de député? Certes, dans le système actuel, l'ambition en trouve beaucoup. Ignore-t-on pourquoi la majorité a tant tenu aux nominations des maires, adjoints, des officiers supérieurs dans la garde nationale, par le pouvoir? Pourquoi, si elle est renvoyée à la Chambre, elle tiendra également à celles des conseils d'arrondissement, de département, de préfecture, des percepteurs, receveurs d'arrondissement, des juges de paix, des juges des tribunaux inférieurs, etc.? C'est que sur cent nominations à ces emplois, quatre-vingt-dix-neuf sont le résultat de l'influence des députés. Ne les voit-on pas envahir tous les hauts emplois pour eux-mêmes, pour leurs coteries? Voilà la cause du maintien de leurs grosses rétributions. N'est-on pas porté à penser qu'il est très difficile de conserver son indépendance, assiégé par tant de faveurs? Hélas! c'est sans doute le plus funeste écueil de notre gouvernement représentatif. Tous les intérêts du pays vont s'y briser. A présent, qu'on juge si la même majorité doit être renvoyée à la Chambre. Sa présence ne manquerait pas de continuer le malaise général, la défiance,

les agitations, dont les funestes conséquences seraient in-
calculables.

Après avoir démontré la convenance, la nécessité de
réduire à 150 francs, et même à 125 francs le chiffre
imposé au droit d'électeur ; d'admettre à l'éligibilité tous
les citoyens investis du droit électoral, pour briser ce fais-
ceau aristocratique, exclusivement dévoué à ses intérêts
personnels, à ceux de ses coteries ; j'arrive à la troisième
lacune dans la loi, qui est la conséquence nécessaire de la
précédente ; je veux dire l'allocation indispensable d'une
indemnité mensuelle au représentant.

Pendant plus de vingt ans, jusqu'en 1814, elle fut toujours payée au député ; seulement les contribuables se sont
plaints, et avec raison, de l'excès de son chiffre. La Charte
de Louis XVIII, imposée à la France, dans le système de
la restauration de l'aristocratie pour arriver à l'absolutisme,
a assujetti l'éligibilité au cens de 1000 francs, et a sup-
primé l'indemnité. Elle fut réclamée annuellement, mais en
vain : elle ne pouvait être admise par le gouvernement de
la restauration ; c'eût été agir contre les vues d'envahisse-
ment, de destruction des libertés, des droits publics. Il
savait que l'indemnité n'était pas nécessaire pour peupler la
Chambre d'êtres ambitieux, dévoués à ses coupables desseins, déjà riches par eux-mêmes, dont il pouvait large-
ment récompenser les votes serviles et favorables à ses
projets tyranniques, par des pensions, de gros emplois, des
sinécures, la pairie. Aussi, jamais disette de candidats ne
s'est fait sentir aux élections. On ne doit donc plus être surpris de l'intention de continuer ce même système d'aristocratie, par la persistance dans le refus de l'indemnité, de
la part d'une Chambre née sous Charles X. Elle a consenti
à l'abaissement partiel si vivement, si généralement
réclamé, du cens électoral ; mais, elle a persisté dans le
refus de l'indemnité. On voit qu'elle ne cède que ce qu'elle
ne peut, pour ainsi dire, plus retenir. Cependant, n'est-il

pas de toute justice, de toute convenance, que le citoyen notable, qui sacrifie son temps, le soin de ses affaires, ses connaissances, ses affections particulières, portion de sa fortune, aux intérêts publics, en reçoive du moins un honnête dédommagement. Il ne resterait, avec l'indemnité, plus de prétexte pour négliger la tenue digne d'un législateur. En effet, ne voit-on pas tous les fonctionnaires publics, depuis le garde-champêtre, jusqu'à ceux des rangs les plus élevés, revêtus de leur costume légal dans l'exercice de leurs fonctions ? Et ceux qui doivent surtout servir d'exemple au pays, nos législateurs seuls, renoncent à ce moyen de dignité dans leurs séances; ils y assistent en costumes bourgeois, nuancés de toutes formes, de toutes couleurs, comme dans une coterie. L'allocation mensuelle de l'indemnité, leur ôtera tout prétexte de paraître dans le sanctuaire législatif sans les insignes majestueux de leur caractère, si propres à inspirer l'ordre intérieur, et le respect au dehors de la Chambre. Avec elle, nul n'osera plus s'exposer à la présence tardive ou négative aux délibérations, sans motifs réels. Aucune excuse ne leur restera à cet égard. Tout citoyen bien intentionné, ne peut disconvenir de l'influence favorable de l'indemnité sous beaucoup de rapports. Et encore, cette lacune dans la loi n'a-t-elle pas écarté, et n'écartera-t-elle pas de la candidature quantité d'hommes probes, de savans, d'industriels, remplis de capacité, de zèle, de dévouement patriotique, d'une indépendance éprouvée, mais d'une moyenne fortune, et à laquelle ils tiennent d'autant plus, qu'elle leur a coûté plus de peines, de soins, de fatigues à acquérir ? Ils négligent la députation par esprit d'économie. L'absence du concours précieux de ces notabilités dans la Chambre, est un malheur pour le pays. Elles y apporteraient leur modestie, leur dignité, leurs lumières, leurs principes d'économie, d'ordre, de régularité en administration, dont toute leur vie passée n'est qu'une suite d'exemples. Espérons que les suffrages éclairés rechercheront ces hommes précieux jusque dans le fond de leur retraite, et qu'ils en doteront la Chambre. L'allocation certaine de l'indemnité les décidera à y apporter leurs lumières.

Électeurs, n'allez pas penser que cette lacune dans la loi soit due à l'imprévoyance de ses auteurs : ils en ont sans doute envisagé toutes les conséquences. Si cette interdiction eût été adoptée, vous eussiez eu des mandataires jaloux de leur dignité, de leur indépendance, tout-à-fait dévoués aux intérêts publics : ils ne les auraient pas sacrifiés légèrement à l'espoir d'obtenir de l'avancement, de hauts emplois, que l'existence si précaire des ministres aurait rendu très incertains pendant plus d'un an. Toute cabale pour supplanter un ministère eût été impossible; le gouvernement, moins tiraillé dans ses ressorts, en aurait acquis plus de force, plus de consistance, si nécessaires au bien-être général.

Qu'on ne craigne pas que les capacités manquent en France pour les places, les hautes fonctions publiques, quand les députés en seront exclus pendant quatre ans. Il en existe sur toutes les parties du sol, surtout depuis que le goût pour l'instruction et l'étude des hautes sciences est devenu si général. Il est important à la tranquillité, au bonheur du pays, que les voies d'admission aux places soient augmentées en proportion du nombre des capacités. Cette mesure ne peut que produire une utile et louable émulation parmi la jeunesse, et contribuer à faire cesser les agitations populaires, dont la perspective d'emplois éloignera les chefs. Les citoyens capables seront connus, et le gouvernement ne manquera pas de les mettre en position de concourir au bien-être général. Quand les places, les gros emplois cesseront d'être le patrimoine des députés et de leurs coteries, la France pourra se flatter d'être en possession des plus puissants moyens d'émulation pour l'indépendance des votes, pour le développement des grands talents , des hautes capacités. Tous les vœux, tous les efforts, tous les sacrifices doivent tendre à cet heureux résultat.

Le même esprit d'égoïsme aristocratique qui a repoussé de la loi électorale les trois améliorations importantes qui viennent d'être signalées, a produit l'absence de la quatrième, que je vais démontrer. Elle n'importe pas moins que les autres à la dignité, à l'indépendance de la Chambre, qualités que cette dernière ne recouvrera jamais sans son adoption. Il est aisé de pressentir qu'il s'agit d'ajouter à la loi un article qui interdise au député l'acceptation du gouvernement, d'aucune place, fonction, grade, pension, avancement, décoration, qu'au moins un an après la cessation de ses fonctions.

Sans doute les ex-députés de l'aristocratie, et d'autres, poussés principalement par l'ambition, vont se récrier, se démener contre cette disposition : électeurs, n'en soyez pas surpris. Au contraire, l'adhésion préalable aux principes de cette amélioration nécessaire à la loi, que vous êtes en droit d'exiger de votre candidat, est un moyen certain de vous assurer de ses intentions, de son mérite. Alors, les intrigants, les ambitieux se tiendront à l'écart, et vous aurez plus de certitude de diriger votre choix sur les plus indépendants, les plus dignes de vous représenter. Qu'on ne pense pas que cette interdiction de toutes fonctions publiques pendant un an soit une nouvelle conception : l'Espagne et le Portugal, dans leurs dernières révolutions, ont eu le bon esprit de la consacrer dans leurs lois régénératrices, et pour un plus long intervalle de temps. Presque tous les peuples qui, à l'exemple de la France, ont reconquis leurs droits, leur liberté depuis huit mois, ont adopté le même principe. Notre pays est peut-être seul privé de cette garantie dans sa loi électorale. La surprise fait place ici aux pénibles regrets de tenir cette loi de la Chambre née sous le roi parjure, de la Chambre imposée.

Elle a sacrifié ainsi sa considération, sa dignité, son indépendance à l'égoïsme, à l'insatiable avidité des hauts emplois. Qu'on ne s'étonne pas que leurs rétributions conservent leurs chiffres si élevés.

Il est encore des points de la dernière importance, qui doivent faire partie de la tâche extraordinaire de la Chambre future : c'est la régénération de la pairie, dont l'hérédité actuelle est une absurdité dans notre gouvernement représentatif; la refonte de la magistrature, pour la purger du jésuitisme; la suppression des monopoles des sels, des tabacs, et celle des impôts indirects les plus révoltants. Les produits nécessaires de ces taxes ne peuvent être compensés pour le trésor qu'en imposant le luxe, qu'en augmentant les contributions directes, qu'en adoptant franchement un système d'économies. On a beau se torturer la tête à chercher d'autres matières imposables, force est de revenir à ces derniers moyens. Si les élections renvoient malheureusement à la Chambre la majorité des 221, cette majorité aristocratique, que fera-t-elle pour le pays à cet égard? Ici, le passé annonce l'avenir. On peut s'attendre qu'elle aura principalement en vue, dans l'organisation de la haute Chambre, de s'en assurer l'entrée pour elle et les siens; elle changera peu de condition de son existence actuelle; elle nous rendra un corps inerte, sans influence utile, sans vie, une vraie superfétation dans le pouvoir législatif. Voilà ce qu'on peut en espérer. Quant aux monopoles, aux odieuses contributions indirectes, qu'on ne pense pas qu'elle consente jamais à imposer ses chevaux, ses voitures, ses chiens, ses laquais, principaux moyens d'y suppléer? Dernièrement, n'a-t-elle pas réduit à trente centimes par francs de l'impôt foncier, l'augmentation demandée par le ministère, de cinquante-cinq centimes sur cette contribution? Et encore, par une clause supplémentaire, n'a-t-elle pas laissé la moitié de cette augmentation à la charge des pauvres locataires, dont la plupart sont tenus à toutes les taxes, en vertu de leurs baux? On se rappelle que quelques mois auparavant, on lui avait annoncé la prétendue convenance de ménager cette branche du revenu public pour des cas pressants où il serait indispensable d'y recourir. Elle n'avait pas oublié cependant que la propriété avait profité du dégrèvement d'un quart de sa taxe depuis plusieurs années. Ainsi, il y a apparence que cette augmentation n'aurait pas été adoptée, si l'on n'avait pas craint le reproche d'impopularité aux prochaines élections. La majorité, malgré tous les efforts du côté gauche, s'est obstinément refusée, dans sa loi électorale, à ce que ces nouveaux centimes additionnels fussent compris dans le cens exigé pour voter ou être éligible. C'est ainsi que l'égoïsme a présidé à ses actes, et à celui-ci surtout, dans la vue de neutraliser la multiplication des électeurs et éligibles, dont l'inflence qu'elle redoute tant peut seule la renverser. Elle a prouvé cette obstination à conserver son influence dans le pouvoir, son antipathie des intérêts publics, lors des débats de cette loi électorale, à la fin de février, où il fut impudemment annoncé à la tribune qu'il serait dangereux de changer les bases principales de la loi de l'ex-roi Charles X, dont l'expérience avait procuré à la France des bienfaits certains, puisque ses combinaisons avaient rassemblé dans la Chambre les plus grandes capacités du pays. Son journal d'adoption, le *Messager des Chambres* du 25 du même mois, se dépouillant de toute pudeur, fait l'éloge complet de sa patrone sans aucun ménagement, et conclut à sa réélection pour sauver la France.

Electeurs, vous connaissez tous les actes de la Chambre imposée : le maintien des juges de l'ex-roi Charles X, des trois quarts de ses fonctionnaires jésuites, de l'hérédité de la pairie, des gros traitements, des cens élevés pour l'électorat et l'éligibilité, des nominations des officiers supérieurs de la garde nationale, et des maires, adjoints et autres fonctionnaires par le roi, etc. Et encore, vous avez vu que les dispositions de cette loi du roi parjure ne suffisent pas à ses vues ambitieuses : elle a insisté sur le droit de déléguer le cens électoral à des tiers ; elle a admis le tiers des impôts des locations rurales à l'adjonction aux contributions des locataires, pour en faire des électeurs dans la dépendance de l'aristocratie. Cette combinaison n'est que l'imitation des bourgs pourris en Angleterre, dont le peuple indigné réclame depuis long-temps la réforme. Vous n'avez pas oublié qu'elle a repoussé des affaires quantité de citoyens des premiers rangs, les plus capables, les plus sincèrement dévoués au bien public. Vous savez à quoi vous en tenir à l'égard des troubles, des prétendues conspirations, toujours renouvelés dans la capitale : les procédures aux cours d'assises ont fixé toutes les opinions sur ce point. C'est dans ce fatal système qu'est la source des agitations populaires, des divisions et tiraillements dans les branches du pouvoir, de l'impossibilité de l'action gouvernementale dans le sens des intérêts publics. C'est un gouffre entr'ouvert qui peut engloutir le vaisseau de l'état, si les élections prochaines n'y placent d'autres pilotes.

Hommes égoïstes, éhontés! vous voulez vous imposer à la nation comme essentiels, comme l'emblème de ses plus grandes capacités ; et vos actions attestent vos deseins, vos ambitieux projets. Croyez-vous qu'elle ne renferme pas dans son sein une foule de citoyens probes, désintéressés, indépendants, capables, et à ces titres, cent fois plus dignes que vous de la représenter ? Vous ne croyez pas à l'existence possible de ces qualités capitales dans un loyal représentant, parce que vous ne les réunissez pas : vous ne pouvez faire que le malheur de la France ; elle en a la conviction. Vous devez être condamnés à l'oubli : vous y resterez.

Plus on réfléchit sur les causes rationnelles qui ont

déterminé la conservation des magistrats de Charles X ,
dont Saint-Acheul recevait et préparait les enfants, pour en
peupler les tribunaux inférieurs, et plus on est convaincu
de l'égoïsme de la majorité de la Chambre, et de son incompatibilité avec le nouvel ordre de choses , avec le bonheur de la nation. Quoi! la révolution de juillet a brisé
le pouvoir absolu et le jésuitisme qui en était le principal
appui, et cette majorité n'a pas craint de respecter cette
magistrature qui leur était dévouée! Rien ne caractérise
mieux cette majorité.

On est moins étonné de l'adoption de ce fatal système,
depuis qu'on a vu, en mars dernier, cent-vingt-deux boules
noires repoussser la proposition de l'honorable M. J. J. Baude,
qui avait pour but d'exclure pour toujours du territoire
français , la branche aînée des Bourbons. Encore la majorité
ne l'a-t-elle adoptée qu'après l'avoir amendée ou plutôt
dénaturée, au point que cette loi paraît faite plus dans les
intérêts de cette branche proscrite, que pour ceux du pays.
N'a-t-on pas vu aussi, dans les débats de cette loi électorale,
l'hésitation mesquine, les prétextes spécieux de cette Chambre
pour rétrécir les droits des citoyens aux élections et à l'éligibilité? Toutes ces circonstances ont assez mis au jour son
esprit, sa tendance, ses vues égoïstes. Permis aux partisans
de l'absolutisme, du jésuitisme, de lui réserver leurs suffrages.

Il est une chose digne de remarque, capable de déterminer le jugement que mérite cette Chambre : on se rappelle qu'avant la révolution de juillet, divers orateurs des
221 ont réclamé souvent, dans chaque session , la loi sur
la responsabilité ministérielle, promise par la charte de 1814,
mais toujours sans succès. Eh bien! après une session de
plus de huit mois , avons-nous obtenu cette loi si essentielle? A peine en a-t-il été question une fois ou deux à la
Chambre ; et sa proposition, isolée, n'a jamais été appuyée.
La Charte nouvelle a aussi promis cette loi : que la même

majorité soit réélue, et jamais le pays n'en jouira. C'est cependant l'une de ses principales garanties.

Électeurs, vous voyez à présent ce qu'est la majorité de cette Chambre, née sous Charles X, imposée par la nécessité ; vous êtes sans doute à même de la juger avec impartialité, avec juste appréciation. Réfléchissez mûrement sur l'importance des devoirs que vous allez remplir. Le sort de la France y est attaché : il s'agit peut-être pour elle d'être ou de n'être plus. Entourés d'ennemis extérieurs, toujours plus nombreux et plus imminents depuis sept mois, soyez bien convaincus qu'il n'en a pas tenu à leurs intentions hostiles, à leurs complots tyranniques et liberticides, s'ils ne souillent pas encore le sol de vos départements de leurs hordes d'esclaves. N'attribuez l'avantage de ce délai qu'à l'énergique régénération des braves Belges, vos anciens compatriotes ; qu'à la glorieuse révolution des vaillants Polonnais, qui se sont illustrés sous vos drapeaux tricolores. Puissent d'heureux résultats couronner leurs efforts héroïques !

Diverses autres révolutions contre les tyrans des populations, ont nécessité aussi la présence de leurs satellites dans les pays insurgés. Partout leurs préparatifs sont immenses, et se continuent ; leurs armées s'échelonnent. Tant de démonstrations hostiles contre la liberté, les droits imprescriptibles des peuples, ne vous persuadent-elles pas qu'il n'est peut-être plus possible de croire à la paix ?

L'activité, la prévoyance du ministère de la guerre ne sont pas restées en arrière. Jamais la France n'a déployé en si peu de temps plus de moyens matériels de résistance. Mais, tous ces moyens seraient impuissants s'ils n'étaient secondés d'un accord général, d'une union parfaite dans toute la nation, éléments principaux de force et de puissance. Or, je vous le demande, électeurs, pouvons-nous compter sur cet accord, cette union intérieure, si cette même majorité est renvoyée à la Chambre ? La réponse négative ne peut être douteuse. Depuis huit mois, ses principes, ses actions, les agitations et troubles tumultueux d'octobre, de décembre, de février, de mars, la baisse progressive des fonds, les divisions intestines, un malaise général toujours plus imminent, l'action négative du pouvoir gouvernemental, tout enfin atteste l'incompatibilité de cette majorité avec le bonheur de la France.

Électeurs, vous ne doutez plus des avantages immenses pour le pays, qui doivent résulter de la substitution du terme de trois ans à celui de cinq ans, au mandat du député; de l'abaissement du cens électoral et d'éligibilité à 150 francs, tous accessoires des impôts directs compris; de l'allocation d'une indemnité mensuelle; de l'interdiction au député de toutes places, grades, etc., pendant l'année qui suivra l'expiration de ses fonctions. Vous êtes convaincus de la nécessité de ces conditions pour assurer son indépendance. Vous n'hésiterez donc pas à prendre les précautions qui peuvent garantir ce bon résultat. Elles consistent dans l'exigence préalable d'un écrit signé de votre candidat, dans lequel *il engagera sa parole d'honneur de réclamer vivement ces avantages pour le pays, par tous les moyens possibles, et surtout par son vote.* Vous aurez soin de spécifier, dans cet engagement, chacune de ces quatre améliorations indispensables à la loi électorale. Vous ferez preuve d'une sage prévoyance en y comprenant l'obligation de voter pour une pairie élective, pour la nomination des maires, adjoints, conseillers d'arrondissement, de département, de préfecture, pour celle de juges de paix, percepteurs, receveurs d'arrondissement, par les électeurs des communes et des arrondissements électoraux. Ce système, qui ne peut manquer d'être adopté, si vous tenez à l'exigeance préalable de cet engagement, comme vous en avez le droit et comme la France l'attend de votre dévouement sincère aux intérêts publics; ce système, dis-je, contribuera à diminuer cette centralisation de toutes les affaires dans la capitale, si préjudiciable aux départements; à rendre leur utilité, leur considération, leur indépendance aux deux Chambres; à n'élever à quantité d'emplois livrés jusqu'à présent à l'influence des députés et des chefs buralistes, que des citoyens dont les suffrages électoraux attesteront l'aptitude et le vrai mérite. Ne vous fiez plus à ces déclarations banales des candidats, que les intrigues dans la capitale font bientôt oublier : le pays n'en a que trop subi la fatale expérience.

Vous avez vu avec quelle facilité, avec quelle profusion la dernière majorité a livré l'argent des contribuables aux demandes du gouvernement. S'il n'avait été certain de l'assentiment de cette majorité à ses demandes de provisoires, aurait-il traîné pendant huit mois la présence de cette Chambre, sans en obtenir un budget régulier?

La France entière a applaudi de bon cœur à la retenue progressive sur les traitements : mais, pourquoi l'avoir bornée au chiffre de 20,000 francs? Combien ne gémit-elle pas de ce qu'on n'a pas gradué cette progression jusqu'aux traitements de 50,000 francs? N'est-il pas naturel et de toute justice que ceux qui reçoivent plus doivent contribuer davantage? Alors, du moins, on eût été sans droit de penser que l'égoïsme n'avait pas influencé cette décision.

On ne se lasse pas de demander au pays de nouveaux centimes additionnels, des emprunts, l'aliénation des forêts, une émission de bons royaux; et l'on ne parle pas d'opérer des économies par la suppression des gros traitements, la simplification du système administratif, la diminution de partie des emplois.

La majorité de la Chambre, qui les convoite, s'est bien gardée d'entrer dans ces voies d'économie. Cependant, la propriété, le commerce, l'industrie, ne peuvent supporter long-temps le poids accablant d'un budget de quinze cent millions. Ceux qui sont restés impassibles à la vue de tant de charges, ne peuvent y porter remède. Force est donc de choisir une représentation nationale qui soit la vraie expression des vœux, des intérêts publics. Alors, on pourra obtenir les améliorations de nos lois principales, la réforme des prodigalités fiscales, le retour à un véritable système d'économies.

Electeurs, ces avantages pour la France dépendent de vos choix. Vous condamnerez à la nullité ces égoïstes, ces intrigants, causes principales des agitations, du malaise général, qu'ils ne manquent jamais de tourner à leur profit. Vous repousserez les recommandations des députés, des fonctionnaires publics, de leurs coteries; ils ont mission d'employer toute leur influence pour faire réélire la même majorité. Vous ne pouvez vous mettre trop en garde sur ce point. Vous n'oublierez pas que la plupart des citoyens en places depuis huit mois, ne les doivent qu'à l'influence des députés; qu'ainsi, la reconnaissance leur impose l'obligation de vous recommander ces derniers. Vous n'accorderez vos suffrages qu'aux citoyens honorables, désintéressés, sans ambition, vraiment dévoués au bien public, au nouvel ordre de choses. L'envoi d'une majorité éclairée et jalouse des intérêts du plus grand nombre, vous rendra la nomination à tous les emplois, sauf à ceux de sous-préfet, de préfet, de président de tribunal, et de la haute magistrature. Par là sera brisée insensiblement cette centralisation des affaires, si funeste au pays.

Pénétrez-vous bien de l'importance des devoirs que vous allez remplir : le bonheur, l'avenir de la nation y sont attachés. Rappelez-vous les promesses faites à la France après les trois journées de juillet. Promenez vos regards sur toutes ses localités; examinez, voyez si ces promesses solennelles leur ont été maintenues; si le système qu'on leur applique leur rend l'ordre, le calme, la vie commerciale, dont elles ne peuvent se passer. Vous n'apercevez partout que les effets de l'inquiétude, du malaise, de l'atonie générale qui les affligent. Les agitations tumultueuses d'octobre, de décembre, de février, n'attestent-elles pas l'influence désastreuse de la majorité de cette Chambre sur les moyens de gouvernement? Vous connaissez à présent les vrais défenseurs de vos droits, des intérêts généraux; vous les distinguerez de leurs adversaires, dont les mobiles sont l'égoïsme, l'enchaînement des libertés publiques, pour satisfaire leurs vues cupides et ambitieuses. Ces égoïstes souples, qui tendent toujours à se perpétuer après les révolutions pour en tirer parti, votre bon sens, votre amour pour l'ordre, pour le bien-être général, pour la stabilité des choses, vous imposent le devoir de les rejeter.

Surtout, n'admettez aucun fonctionnaire public pour candidat; soyez bien convaincus que l'indépendance est la plus essentielle des qualités d'un représentant. Pouvez-vous élire un homme dévoué au pouvoir, et, par cela même, sans conscience à lui, quand vous êtes certains que les intérêts du pouvoir sont presque toujours opposés à ceux de la nation? Vous repousserez les suggestions perturbatrices de vos éternels ennemis, des carlistes, qui vous prêchent les droits de leur idole au trône : ce sont leurs sinécures leurs priviléges, qu'ils veulent ressaisir. Vous avez vu que la nation a toujours le droit de choisir son roi : ce droit est imprescriptible. Vous n'avez pas oublié le milliard et toutes les lois désastreuses qu'une majorité vendue à Charles X a livrés à tous ses suppôts : plus du dixième des charges du budget annuel en est la fatale conséquence.

Electeurs, je ne puis trop vous le répéter, soyez impassibles de toutes insinuations captieuses, de toutes intrigues; ne vous en rapportez qu'à votre conscience, qu'à votre bon sens, qu'à vos amis, membres connus du comité directeur, pour vos choix. Son influence dans les élections de 1827 et 1830 a brisé la majorité de Charles X; elle ne peut manquer de faire sortir de celles de 1831, une majorité dans le sens des intérêts généraux. La modestie, le désintéressement, l'indépendance, l'honneur : voilà les principales qualités qui doivent déterminer vos suffrages. Alors, les actes de la nouvelle Chambre, forte de la réunion de ces principes, de son vrai dévouement à la chose publique, feront renaître l'ordre, la confiance, la vie commerciale, la stabilité, garanties certaines du bonheur de la nation.

Ayez toute confiance dans notre digne Monarque : il est animé des meilleures intentions pour le pays; il est convaincu que son bonheur, son avenir y sont attachés. Avec une Chambre indépendante, véritable expression des intérêts publics, Louis-Philippe pourra soutenir l'honneur, la dignité de notre belle France au dehors, et ouvrir un large cours à toutes les sources de la prospérité intérieure.

FIN.

www.ingramcontent.com/pod-product-compliance
Lightning Source LLC
Chambersburg PA
CBHW060045090726
47597CB00012B/2659